Zahlen Schreiben Lernen Ab 4 Jahren

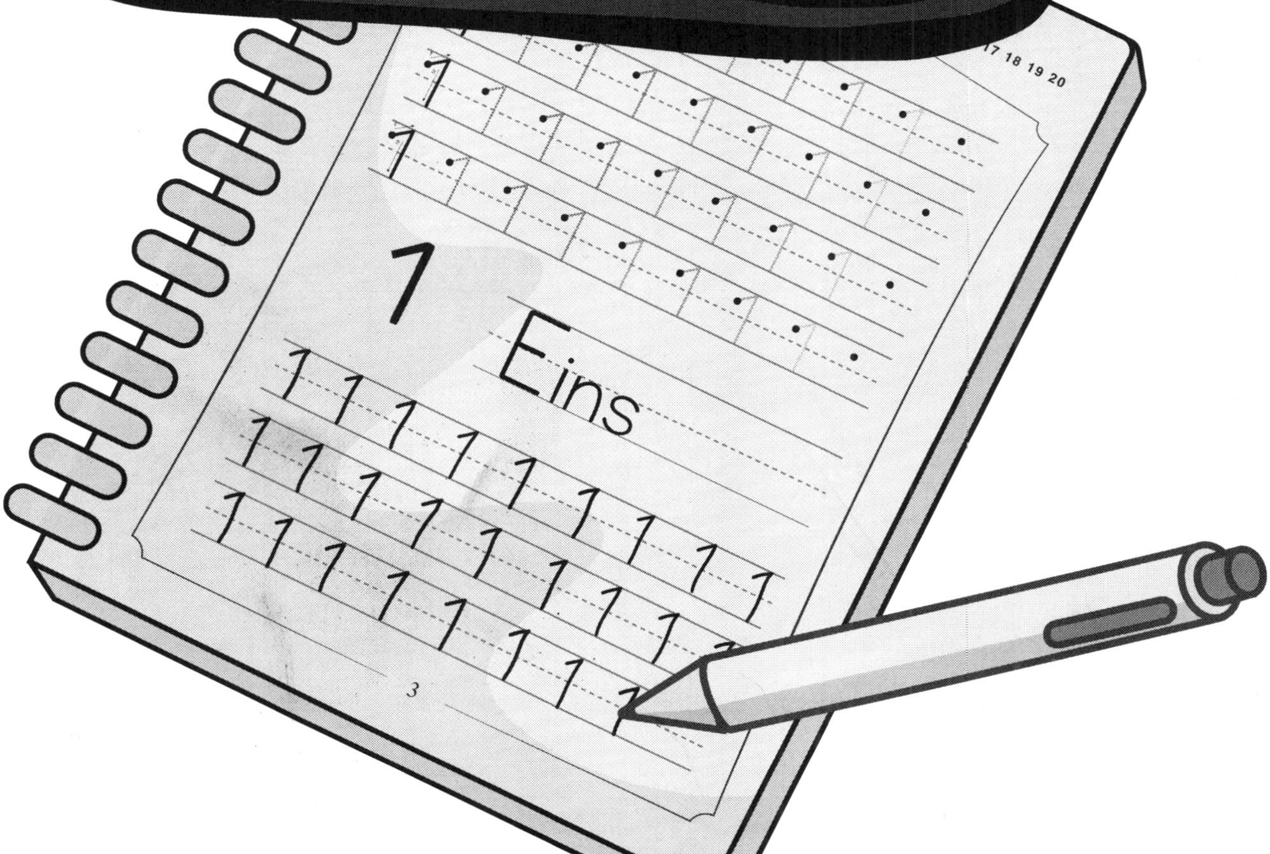

0

Null

0

Null (Nichts)

0 Null

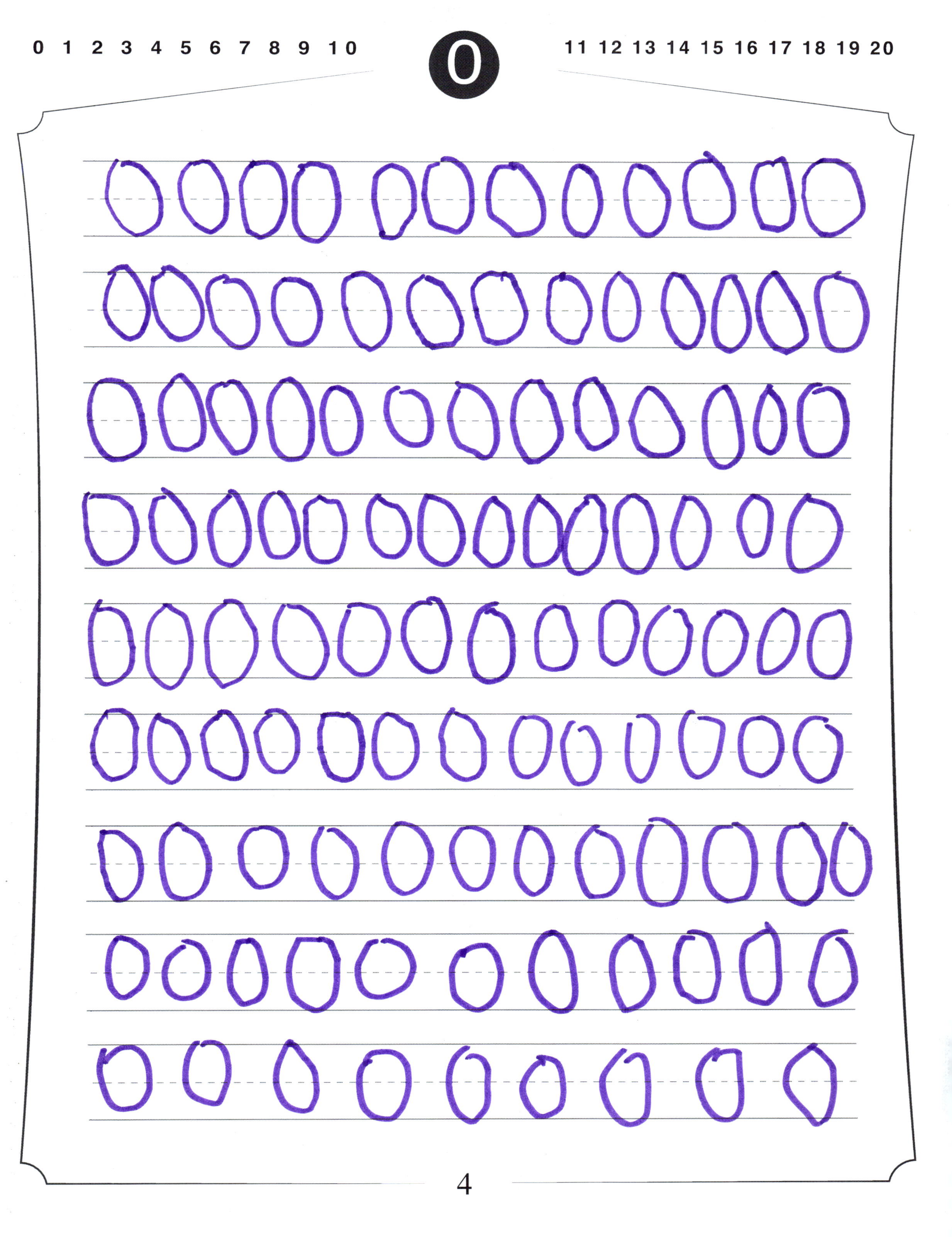

1

Eins

1

Ein Haus

1 Eins

1

2

Zwei

2

Zwei Busse

2

2

2 Zwei

2

3

Drei

3

Drei Mädchen

3

3 Drei

4

Vier

4

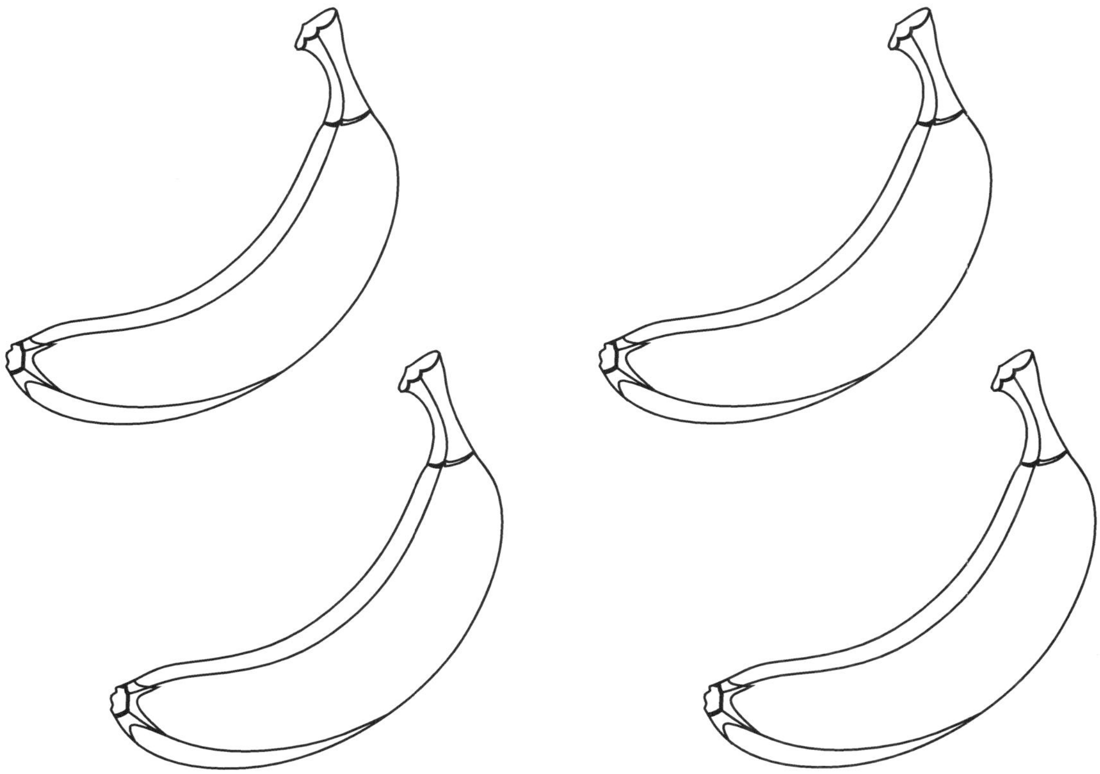

Vier Bananen

4 Vier

0 1 2 3 4 5 6 7 8 9 10 11 12 13 14 15 16 17 18 19 20

4

5

Fünf

5

Fünf Hüte

5 5 5 5 5 5 5 5

5 5 5 5 5 5 5 5

5 5 5 5 5 5 5 5

5 5 5 5 5 5 5 5

5 Fünf

6

Sechs

6

Sechs Vasen

6 6 6 6 6 6 6 6

6 6 6 6 6 6 6 6

6 6 6 6 6 6 6 6

6 6 6 6 6 6 6 6

6 Sechs

7

Sieben

7

Sieben Füchse

7 Sieben

0 1 2 3 4 5 6 7 8 9 10 7 11 12 13 14 15 16 17 18 19 20

8

Acht

8

Acht Affen

8 8 8 8 8 8 8 8

8 8 8 8 8 8 8 8

8 8 8 8 8 8 8 8

8 8 8 8 8 8 8 8

8 Acht

9

Neun

9

Neun Puppen

9

Neun

10

Zehn

10

Zehn Orangen

10 10 10 10 10 10

10 10 10 10 10 10

10 10 10 10 10 10

10 10 10 10 10 10

10 Zehn

11

Elf

11

Elf Sterne

11 Elf

12

Zwölf

12

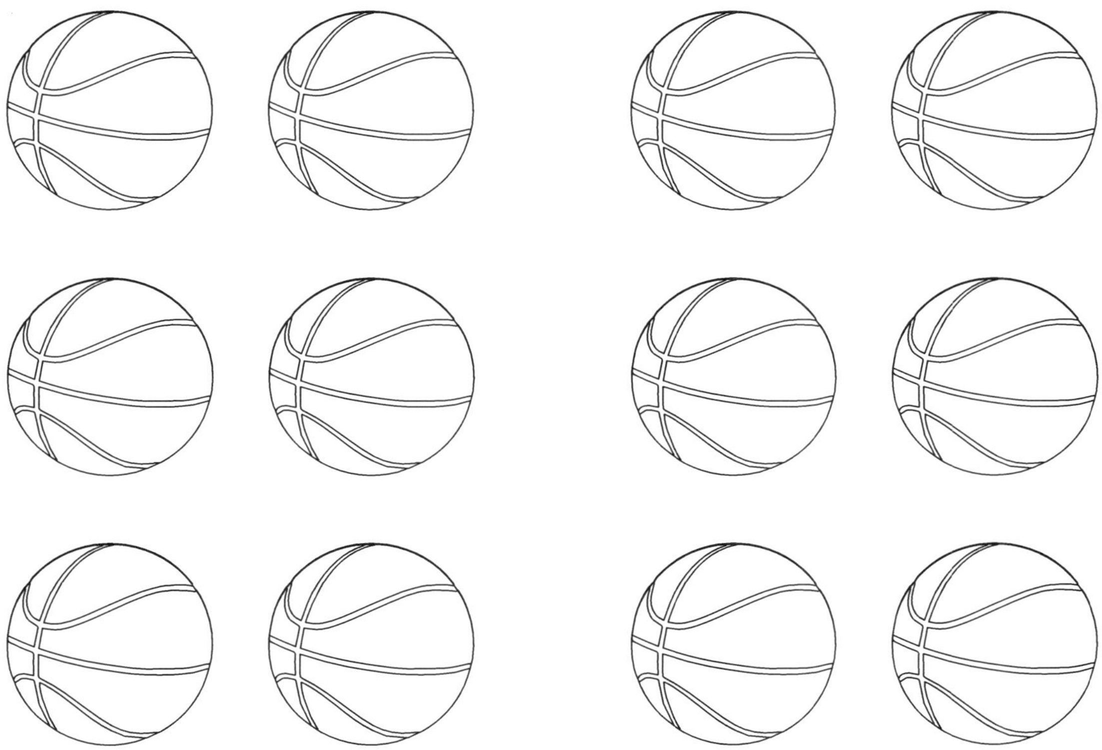

Zwölf Bälle

12 12 12 12 12 12

12 12 12 12 12 12

12 12 12 12 12 12

12 12 12 12 12 12

12 Zwölf

13

Dreizehn

13

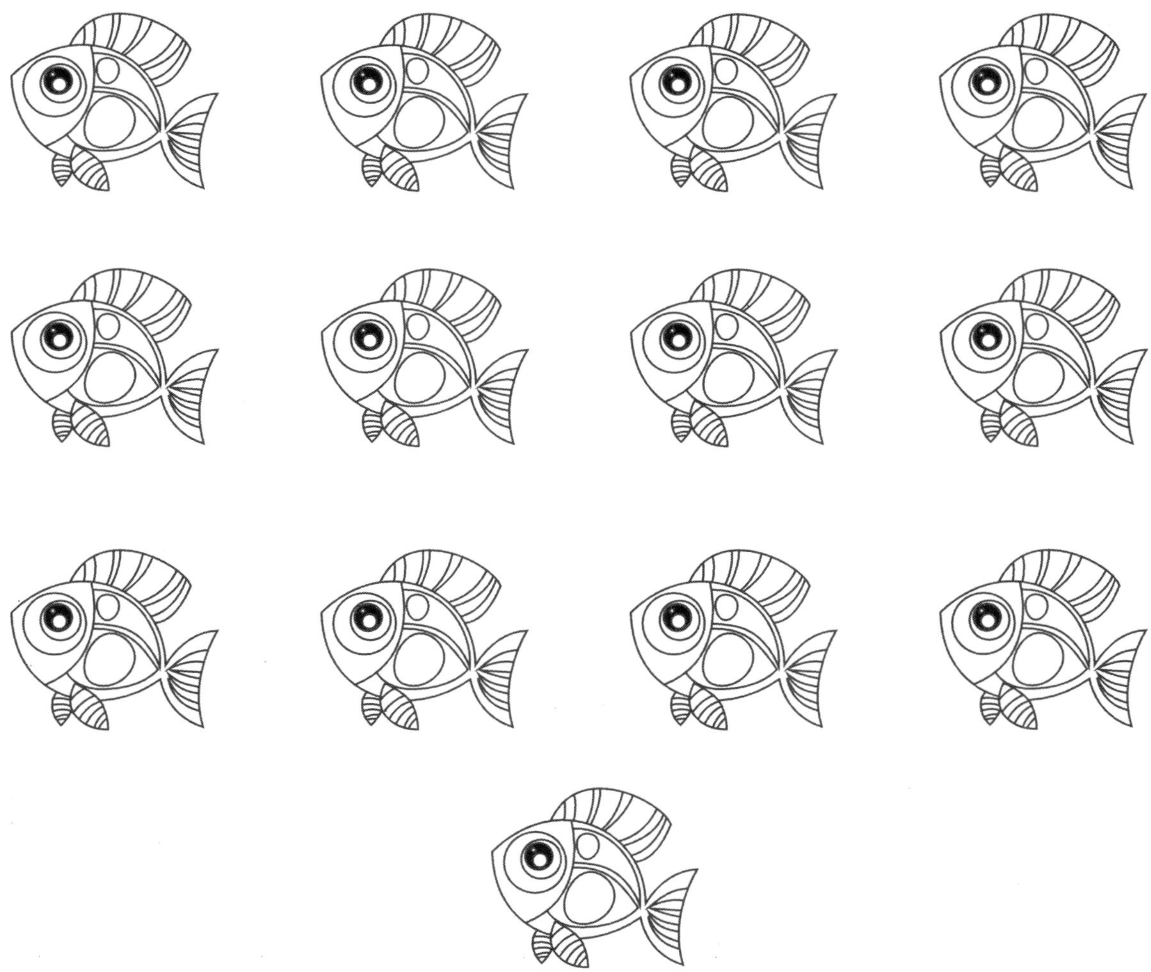

Dreizehn Fische

13 13 13 13 13 13

13 13 13 13 13 13

13 13 13 13 13 13

13 13 13 13 13 13

13 Dreizehn

14

Vierzehn

14

Vierzehn Ameisen

14 14 14 14 14 14

14 14 14 14 14 14

14 14 14 14 14 14

14 14 14 14 14 14

14 Vierzehn

15

Fünfzehn

15

Fünfzehn Bleistifte

15 15 15 15 15 15

15 15 15 15 15 15

15 15 15 15 15 15

15 15 15 15 15 15

15 Fünfzehn

16

Sechzehn

16

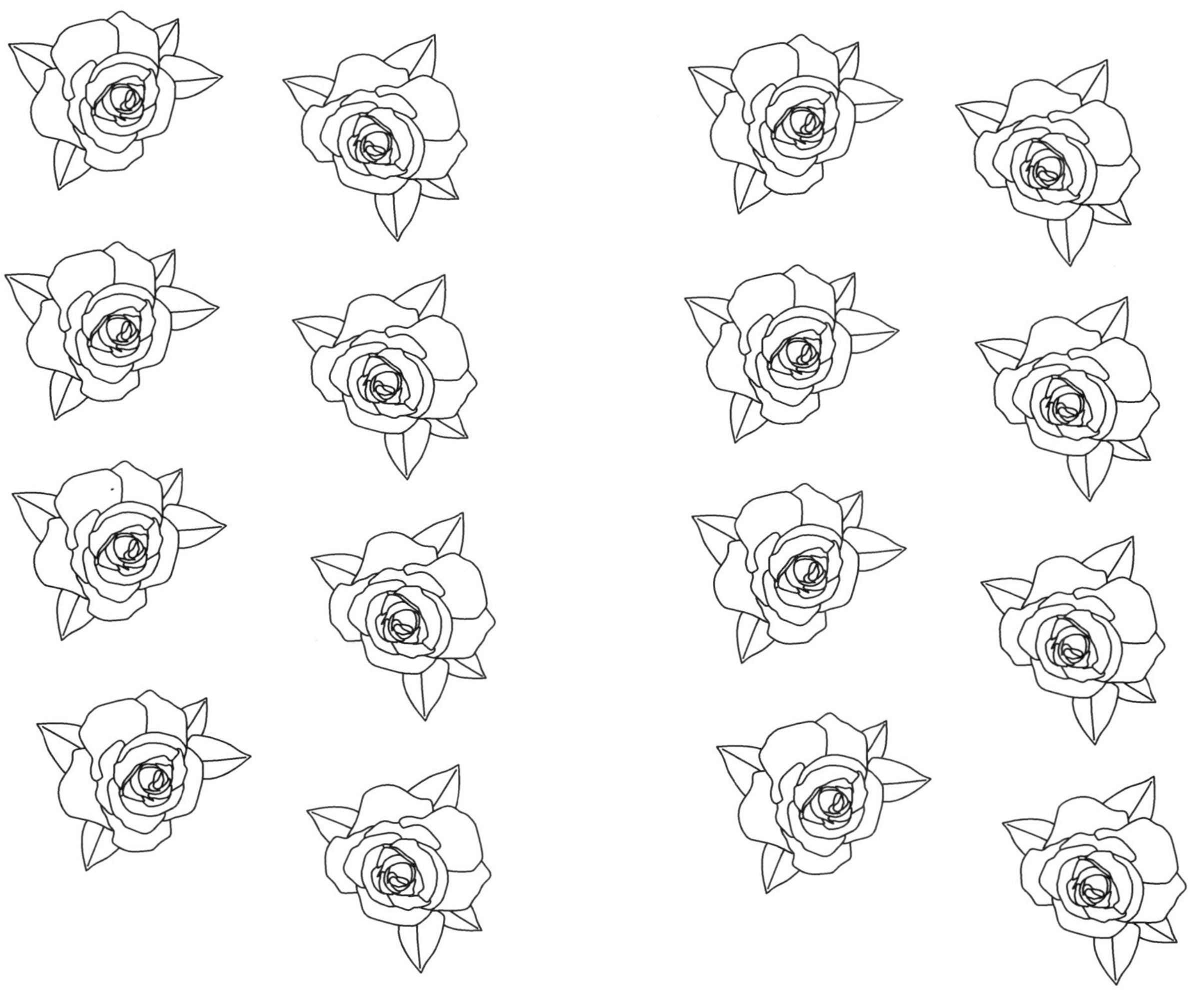

Sechzehn Rosen

16 16 16 16 16 16

16 16 16 16 16 16

16 16 16 16 16 16

16 16 16 16 16 16

16 Sechzehn

17

Siebzehn

17

Siebzehn Bücher

17 Siebzehn

18

Achtzehn

18

Achtzehn Kerzen

18 18 18 18 18 18

18 18 18 18 18 18

18 18 18 18 18 18

18 18 18 18 18 18

18 Achtzehn

19

Neunzehn

19

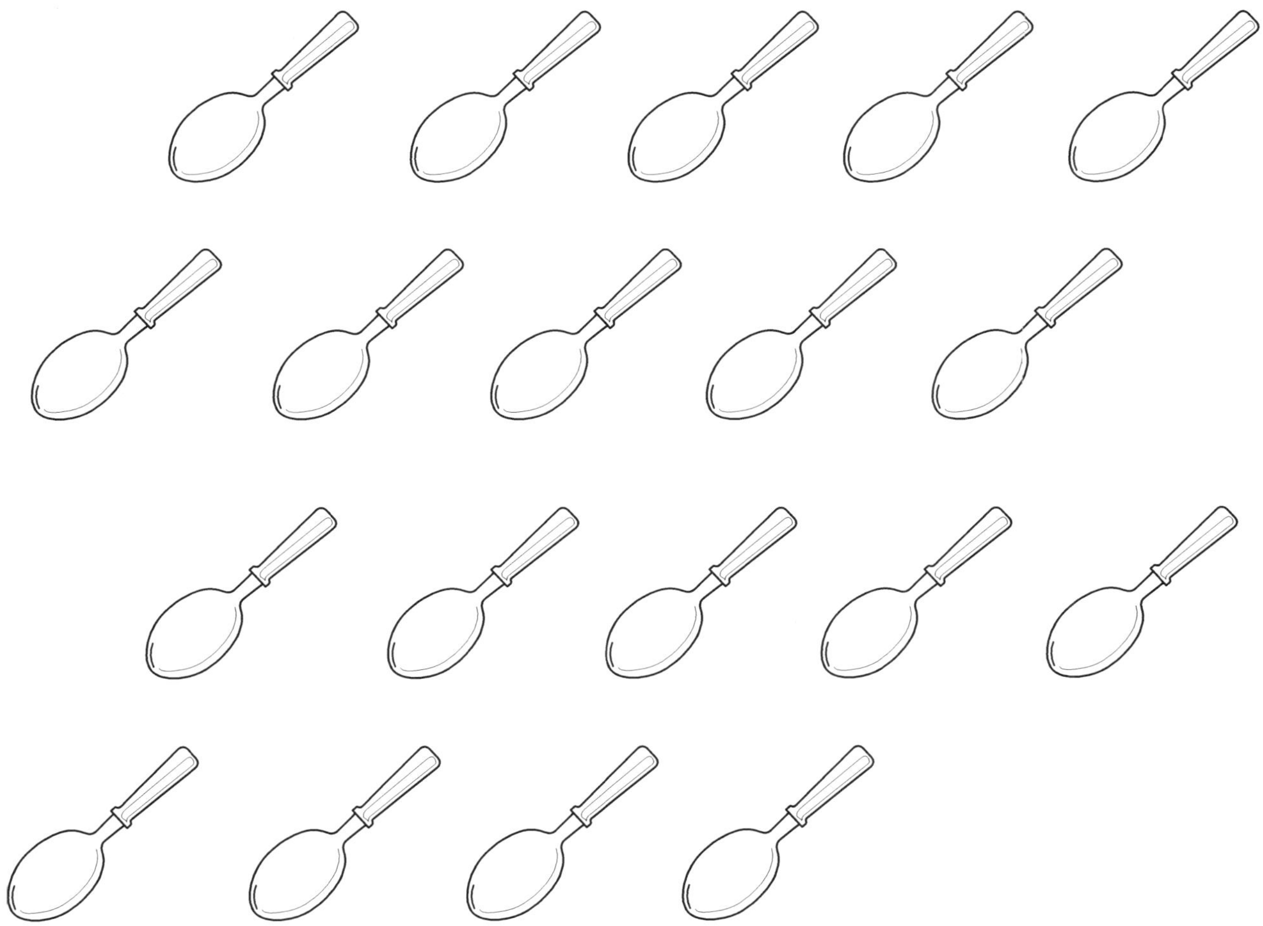

Neunzehn Löffel

19 19 19 19 19 19

19 19 19 19 19 19

19 19 19 19 19 19

19 19 19 19 19 19

19 Neunzehn

20

Zwanzig

20

Zwanzig Äpfel

20 Zwanzig

0 1 2 3 4 5 6 7 8 9 10 **20** 11 12 13 14 15 16 17 18 19 20

Printed in Germany
by Amazon Distribution
GmbH, Leipzig

16969832R00050